CONFIDENCES LUNAIRES

Confidences Lunaires

Romane Berthier

Édition : BoD – Books on Demand, info@bod.fr
Impression : BoD – Books on Demand, In de Tarpen 42,
Norderstedt (Allemagne)

Impression à la demande

Illustration : Romane Berthier

ISBN : 978-2-3224-5983-4
Dépôt légal : Octobre 2022

À l'enfant rêveuse silencieuse, toujours dans la lune…

Table des matières

Avant-Propos

Très cher lecteur bienvenu dans mes Confidences Lunaires. Ce livre est un recueil de poèmes comme tu l'auras deviné. Il s'agit surtout de la réalisation d'un rêve d'enfant et d'un fantasme d'adolescent.

Entrant à l'Université en 2021 après deux ans d'isolement dû au covid et de changements d'organisation, notamment scolaire, dû à cette même pandémie, la transition entre le lycée et la fac fut brutale. Entre les nouvelles responsabilités, le stress des cours, la pression et les problèmes personnels, cette année fut pour le moins... Intéressante.

Alors nous voilà. Sans tabou, je t'expose mes secrets, t'offrant un carnet pour lequel j'aurais sauté du pont si quelqu'un le lisait.

Il me semblait important de publier ces textes pour deux raisons. D'une part, pouvoir partager avec ceux qui, comme moi, vivent nos jeunes années difficilement. Je veux que ces personnes sachent qu'elles ne sont pas seules, loin de là. Je veux partager ma propre expérience, avec mes propres termes. D'autre part, rassembler ces textes, les éditer, les mettre en page... Bref, les publier est un moyen pour moi de tourner la page sur cette période. Entre complexes, maladies, et anxiété, je me devais de définitivement de passer à autre chose. Publier ce roman est une façon pour moi d'achever cette partie de ma vie.

À l'heure actuelle, je ne regrette aucun évènement qui se soit passé. J'ai compris qu'ils m'ont fait grandir et avancer et que je ne serais pas la Romane que je suis aujourd'hui sans eux.

Alors voici, cher lecteur je t'amène avec moi dans la nuit pour découvrir mes Confidences Lunaires.

Confidences Lunaires

Cher Lecteur

Très cher lecteur, bienvenu.

Sans orgueil, je t'offre mes écrits.
En d'autres termes, ce sont mon cœur et mes cris
Qu'entre tes mains tu détiens.

Très cher lecteur, soit averti.
Mes mots se présentent sans prétention.
Ce n'est ni du Baudelaire, ni du Rimbaud,
Encore moins Apollinaire ou Hugo.

Très cher lecteur, je te propose simplement
Un voyage au cœur de mon esprit ;
Un périple irrégulier mais au combien honnête.
Par ces mots, très cher lecteur, je te donne
Ce qui est le plus dur à obtenir : La vérité des maux.

Très cher lecteur, je t'offre mes Confidences Lunaires.

À Toi...

Boussole

Lorsque je t'ai perdue, c'était plus qu'une amitié et du temps de gâché.

Je me suis retrouvée dans ces bois sombres et plus épais que la dernière fois.

Et cette fois-ci, ma boussole n'indiquait plus le nord pour m'aider à en sortir.

Le vrai moi

J'avais peur que tu me regardes tel que je me vois.
J'ai essayé de balayer sous le tapis mes failles,
Celles qui t'aurai faite fuir rapidement.

Je suis devenue le reflet de celle que tu voulais le plus.
J'étais heureuse dans ce paraître car tout allait bien.
C'était mon plus beau rôle, il te plaisait et je l'admirais.

Mais au final, lorsque les déchirures te sont apparues
Et que tu n'as pas pu me regarder comme tu le faisais
J'ai su que j'avais merdé en tout fuyant au départ.

Me voir telle que je suis
Après des mois avec mon alter idéalisé
Ce n'était pas la meilleure désillusion.

Quiproquos

J'ai vu les étoiles hier qui m'ont dessinée la route.
Récit d'une doucereuse entente entre elles et moi.
J'aurais même pu discerner des astres familiers ;
Seulement mes yeux et larmes t'étaient tous destinés.

Mais, je pense que nous ne nous sommes pas
comprises
Dans ce que j'avais perdu.
Lorsque je leur ai dit être à la recherche
De ma lumière dans l'obscurité.
Alors, j'ai dansé toute la nuit avec la lune
Dans l'espoir d'y trouver ton reflet.

Arômes

Ce matin, j'ai senti l'odeur de chez toi.
Je ne l'avais jamais remarquée réellement
Cependant, je l'ai reconnu instinctivement.

À ce moment précis
Je regrettais notre séparation
Juste pour quelques instants,
Car je réalisais juste à quel point
Ta présence m'apaisait aveuglément.
Puisqu'une simple bribe de parfum
Pu remuer en moi tant de sentiments.

Puis, en y repensant ;
Ce n'est pas tant ta maison
Telle qu'elle qui me manque.
Mais plus nos rires et discussions ;
Nos débats et nos chants
Pitoyables, tordants, fascinants.

Ce n'était pas ta maison
En tant que telle qui me manquait
Car sans toi je n'y aurais pas
Été plus à ma place qu'autre part.

C'était bien toi, car ensemble
On aurait pu se retrouver sous les ponts
Que je me serais sentie chez moi.

Le plus con des cons ?

"Tu es une sauvage "
"T'es trop conne avec eux".
Oui, sûrement.
Mais ne vous en déplaise,
Je préfère être prise pour une conne
À cause de ma sensibilité,
Que d'être une conne devenue aigrie
À cause d'un manque d'empathie.

Trait pour trait

C'est sûrement triste à dire
Mais j'aspire à être ton contraire complet,
Comme un rejet de tout ce que tu es.
Une querelle éternelle, ponctuée par de l'apaisement
Trompeur, me faisant croire à une paix.

Aucune paix possible cependant
Puisque nous sommes foncièrement différentes.
Et lorsque dans mon comportement
J'entrevois des brides de toi,
Comment exprimer à quel point je souhaiterai
Prendre une gomme et effacer ces traits.

Comment t'en vouloir aussi ?
Je t'aime comme une enfant chérie ;
Mais te déteste comme une adolescente blessée.

Pour tous les jours

On disait qu'on s'aimerait toujours
Visiblement, nous avions tort.
On ne s'est pas aimées pour toujours.
Mais nous nous sommes aimées tous les jours.
C'était fort, intense et beau,
Mais ce n'était pas éternel.
Malgré nos promesses, on ne se comprenait plus.
Et je te remercie d'être partie en premier,
Car je n'aurai jamais eu le courage d'abandonner.

Malaise

C'est au détour d'une simple discussion
Idiote et simplette, parlant de musique et de festival,
Que tu m'as le plus blessée.
Pour la première fois de notre relation,
Je t'en ai réellement voulu.
C'est enfantin d'être touché par si peu
Mais que veux-tu ?

Nos goûts diffèrent c'est bien normal,
Mais t'entendre dire que tu n'apprécies pas certains
artistes
Car tu les associes à Romane du collège,
Une gamine de 12, 13 ans
Gênante et gênée, mal dans sa peau,
Riant fort dans la cour car silencieuse le reste du
temps.

Et c'est étrange comme ces simples mots
Ont pu remettre en cause tout le travail
Que j'essaie de faire sur moi-même.
Savoir qu'à l'heure actuelle,
Tu ressens toujours ce malaise...

Ça pique.

Sans Rancœur

J'ai longtemps cherché à changer les choses.
J'aurais vendu ma famille pour revenir sur ce qui s'était passé.
J'avais merdé, j'ai merdé, nos mots ne se sont plus mesurés,
Après cette soirée qu'on eut voulue effacer ce n'était plus pareil.

Il m'a fallu du temps pour accepter, ça oui.
Mélange de rancœur, frustration, colère et peine,
Je ne savais pas comment avancer sans toi.

Simplement parce que je n'imaginais pas que notre relation allait s'arrêter.
Je nous imaginais à nos mariages respectifs,
Marraine de tes enfants, là jusqu'à la fin,
Qu'elle déroute de voir les nôtres se scinder si tôt.

Aujourd'hui, je suis fière de dire que je suis apaisée,
J'ai tourné la page sur notre relation,
À la fois reconnaissante qu'elle soit arrivée et qu'elle soit finie.

Beaucoup de mes textes te sont dédiés, c'est vrai.
Et j'aimerai affirmer que c'est la dernière fois que je parle de toi.
Mais la vérité est qu'on s'est trop aimées pour s'oublier.
C'est ce que je ne voulais pas avouer auparavant.

Toi et Nous existent toujours, autant dans mes écrits passés que dans la Romane actuelle.
Honnêtement, tu seras toujours consciemment ou non

dans mes pages ;
Mais soit sûre que c'est sans rancœur.

La Seule

Quand je suis rentrée, larmes coulant sur les joues depuis plusieurs minutes maintenant, remplie de honte et de peine, de frustration et de haine...
Tu étais là, perdue de mot, le regard compatissant, voyant à travers le rideau de sel dans mes yeux.

La voix encore tremblante, les sanglots toujours entrecoupant mes mots, je t'ai dit avoir besoin d'un temps pour moi.

C'était plus qu'un examen échoué, c'était le résultat d'une année médiocre ponctuée de doutes et de panique.
C'était un ultime échec, une énième épreuve mentale pour un esprit épuisé.

Puis sous la musique, l'eau et mes sanglots, ce furent des coups sur la porte et ta voix ferme,
Craignant une quelconque agitation de ma part,
Qui me sortirent de cette torpeur autodestructrice.

Tout semblait bouger, comme un coucou dans mon crâne, toujours du mal à respirer, mais je vois ton visage prendre le mien, me rassurer, me parler, me calmer, me rassurer, m'expliquer, me rassurer, me consoler.

Et je n'aurais pas les mots pour exprimer ce que j'ai ressenti.
Tu as su calmer cette crise de nerf, où sur un échec, c'étaient tous les précédents que je me blâmais d'un coup.
Trop pour un seul cœur.

Avec toi, je me sentais moins honteuse et médiocre, encore moins inutile.

De mots si simples étaient si nécessaires que je ne m'en étais pas rendu compte.

Sans le savoir tu avais su calmer une crise de nerf, dont nous ne savons nous occuper !

Tu me quittais non sans une touche d'humour, et je pris conscience de mon état mais sans jugement, honte ou frustration.

J'ai accepté ces larmes, j'ai accepté ces sanglots pour mieux les laisser passer.

Puis je t'ai retrouvé et on en a bien rigolé comme on sait le faire, sans jugement mal placé ou mots blessants déplacés.

De l'Amour au plus pur.

C'est bien un mot d'amour que je t'écris, ce n'est pas le premier mais, c'est probablement le plus important.

Apaisement

Parce qu'un sourire vaut mieux que mille mots,
Parce que cette page vaut plus que cent phrases.
Sans rancune et remords, l'apaisement ayant remplacé
la colère,

Ces excuses valent plus que toutes les fausses
Car elle n'était pas nécessaire.
Le cheminement était fait, la conclusion était cet
échange.
Parce qu'une parole reposée vaut plus que mille mots
énervés.

Renaissance

On a appris à vivre l'une sans l'autre,
Chacune devant apprendre à faire face
Seules pour la première fois depuis trop longtemps.

Quelle réalisation en nous revoyant,
Qu'il nous fallait nous quitter complètement
Pour trouver un semblant de paix et de bonheur.

Après des mois à forcer,
Et essayer d'être ce que nous n'étions pas.

À Moi...

Le grand cap.
Un simple nombre composé de deux chiffres.
Si banal mais plein de sens.

Pour beaucoup, cet âge n'est que le début,
Apportant libertés et responsabilités.
Pour ma part, cet âge à plus de sens que l'accès aux
bars.

Durant longtemps, j'ai cru que seuls les autres
atteindront 18 ans.
Moi, dépressive et anxieuse, ces deux chiffres me
semblaient éloignés.
Le soir, je pense à cet enfant qui ne croyait plus en
être une.

Je souris en voyant cette Romane rire,
Je grince des dents face à ses moments gênant,
Et les larmes sont toujours là en repensant aux nuits
passées seule à pleurer.

Le passé était nostalgique,
Le présent douloureux
Et le futur inimaginable.

Aujourd'hui, soufflant mes 18 bougies,
J'ai pensé à toi Romane
Me demandant ce que tu penserais en nous voyant là.

Par-dessus tout, j'ai imaginé te prendre dans mes bras,
Te dire que tu n'es pas le problème,
Que les autres on les emmerde, et que tu le mérites
ton bonheur.

La route est encore bien longue,
Elle s'annonce douloureuse à nouveau, certes,
Mais ce voyage nous est bénéfique.

Alors voilà,
À cette jeune fille de 13 ans,
Je lui souhaite bon courage pour la suite .
Et je l'entends répondre « Bon Anniversaire ».

Les profondeurs

Heurtant l'abîme gris d'errance ;
Le froid s'installant dans mon cœur,
Au plus profond de mon essence
J'ai eu ce qu'il me fallait pour
Oser remonter, sans aisance.

En somme, c'est me retrouvant
Seule face à mon propre esprit
Que j'ai accepté qu'aucune âme
Ne vienne plonger avec moi
Dans cet abysse m'y sortir.

Déception

Je me suis auto-déçue.
Découvrant comme il est facile
D'avoir mal, de chuter, de chialer.
Et réalisant l'immense effort
Qui devait être fait pour
Se relever et panser ses plaies
Je me suis confortée dans la simplicité
De l'hivers, du froid et de l'anesthésie.

Je me suis auto-déçue.
Au point de vouloir quitter la Terre,
De fuir toute responsabilité.
J'ai joué la nonchalance,
Comme si mes échecs m'importaient peu,
Comme si seuls mes parents en seraient insatisfaits.
Comme si je ne me lamentais pas assez
De ma superbe défaite.

Déroute

C'est en se perdant que l'on trouve le meilleur chemin. Car aucun homme bien orienté n'a eu à faire face à une impasse.

La Marâtre

Quelques années plus tôt, j'étais reine d'une soirée.
Une reine ? Non, loin de là, j'étais : La Reine.
J'allais au son des cuivres pour mon arrivée,
Costumée d'une robe rouge arthurienne.

J'arborais une coiffe amie
À la douce pomme rubis
Qui se tenait parfaitement
Entre mes petits doigts tremblants.

Pendant cet instant, une représentation,
Sous ces lumières pâles, j'allais m'exprimer.
Le trac, le stress me laissèrent rapidement
Laissant place à une inconnue jubilation.

L'euphorie dura quelque temps puis
Céda à la nostalgie de cette représentation.
Fière de ce que la fillette que j'étais eu produit,
Aucun regret, cependant, ne vint faire irruption.

L'intoxiquée

Elle était hantée par la peine du monde, et puis, Il l'a
saluée.
Elle apprit à le connaître et l'aimer, à reconnaître et
savourer.
On lui avait dit rabâchée qu'Il n'apportait rien de bon.
Même pas méfiante, Elle observât le double statut de
Platon.

Mais Il lui a montré la beauté du monde,
La confiance et l'assurance qui lui manquait
cruellement.
Elle embrassait sa douceur et ses saveurs, en devenant
moribonde.
Chaque nuit enivrée dans sa réalité, Elle l'adoptait
complètement.

Il la soûlait souvent, disant qu'Elle en avait fini avec
Lui,
Elle aurait voulu partir et y mettre un terme parfois.
Mais Il l'intoxiquait au point qu'Elle revenait à chaque
fois.
Et lorsqu'Il était là, Elle devenait incontrôlable la nuit.

Vient le jour où Il prit sa main, l'amena vers le
précipice.
Sans aucune réflexion, Elle se jeta ;
Enveloppée par son indulgence addictive,
Elle ne sentit même pas l'impact en contre-bas.

Le vrai du faux

On m'a dit d'écrire l'impossible à dire.
La vérité, c'est que je me sens illégitime,
Même à ma propre psychologie.
Comme si ma perversion était au point
De simuler mes maux à moi-même.

En somme, comme si mon cerveau
Voulait ma propre attention.
Parfois, je me dis que tout est faux,
Même ce dont personne n'a connaissance.

Puis on m'a avoué que le cerveau ne marchait pas
ainsi.
Si mes maux persistent lorsque je suis seule,
S'ils sont principalement présents lorsque personne ne
les voit,
Ce ne sont pas de factices artifices.

Les insomnies, crises de paniques et de nerfs,
Les épisodes boulimiques, les scarifications,
Les addictions, l'anxiété et les phobies...
Il m'aura fallu du temps pour comprendre
Qu'ils n'étaient pas là pour l'attention

Esprit sain dans un corps sain.

Enfant, j'ai entendu dire "on est que l'on mange".
Mes parents riaient que j'étais au choix :
"Des pâtes" ou du "poisson pané".
Je ne voulais manger que ça,
Et j'en serai probablement devenue
S'ils ne m'avaient pas forcée à ingérer d'autres
denrées.

Aujourd'hui, si je devais répondre à cette affirmation,
Je dirais que je suis au choix :
"Beaucoup trop d'un coup" ou "trop peu pendant des
semaines"

Thérapie

Un jour, je suis finalement allé consulter.
Je n'avais repoussé ce moment que trop longtemps.
Et puis, au bout de quelque temps,
La psy a commencé à vouloir mettre des mots sur mes
névroses.
J'ai cru à ce moment-là que je n'étais pas prête à
guérir,
Car nommer mes démons ne les rendaient que plus
réels.

Alors j'ai annulé mes rendez-vous à venir,
L'anxiété prenant assurément le dessus
Et ai commencé une thérapie moi-même.

Bonjour à ce carnet, qui va se remplir
De textes, de plaintes, de cris,
Aujourd'hui, je commence ma thérapie.

Tour d'ivoire

La solitude est tellement fourbe.
Pourquoi ce besoin d'être seul
M'est-il autant nécessaire ?

Mais elle devient vite assassine
Lorsqu'associée de complices,
Que je nomme "pensées destructrices" ?

Je chéris plus que tout,
Ces moments de calme
Ou je peux me concentrer
Sur moi-même quelques instants.

Mais je les crains plus que tout,
Essentiellement, car je me sens
Seule face à la personne
Qui me veut le plus de mal.

Les matins

J'ai compris que je n'aimais plus la vie,
Quand le seul moyen de sortir du lit
Était de dormir dans le canapé
Pour devoir, devant ma coloc, bouger.

Le chemin

Pourquoi ai-je cette envie ;
Ce besoin, si j'ose,
De faire une petite pause
Et pour quelques années être endormie

Vouloir que les choses avancent,
Que les aiguillent suivent leur course.
Mais ne pas participer au voyage,
Simplement me réveiller
Dans 5 ou 10 ans et pouvoir
Aisément constater de l'arrivée

Faits d'hiver ?

Il y a quelque temps,
Je disais "ce n'est qu'une petite déprime hivernale".

Pourtant voici : les grues sont déjà revenues
Les couleurs sont au vert, turquoise et jaune,
Les fleurs bourgeonnent et les abeilles,
Avec excitation bourdonnent.

Et pourtant, c'est toujours l'hiver chez moi.
Comme si le Soleil avait du mal à revenir
Allonger les journées de mon cœur.

Elle et L'autre

L'autre, elle est plus cool.
L'autre, elle a plus confiance, en elle et en les autres.
L'autre, elle se sent belle, heureuse et marrante.
L'autre, elle n'a pas peur de danser au milieu du
monde.

Mais L'autre, elle ne reste jamais longtemps.
Lorsqu'elle part, c'est sa jumelle qui la remplace.
Je ne l'aime pas Elle, je préfère L'autre.

Elle, elle est en colère et elle en veut à tout le monde.
Elle, elle n'a aucune raison de sourire ou s'amuser.
Elle, elle voudrait danser au fond d'une piscine ou du
haut d'une fenêtre.
Elle, elle pleure comme si son cœur était arraché.

Elle, elle n'est pas aimée, mais L'autre non plus.
On sait tous, lorsque L'autre arrive, son alter ego n'est
pas loin.
L'autre n'est que le messager annonçant l'arrivée d'Elle.

La Haine

Abstruse querelle émotionnelle,
Chacun l'expérience au moins une fois.
Loin d'être Universelle,
Alors ma Haine, c'est quoi ?

J'ai eu beau chercher, creuser
Jusque dans mes souvenirs inhumés,
Je n'ai trouvé aucune personnalité
Que j'exècre foncièrement.

En y portant un regard différent,
On ne connaît les autres que si faiblement,
Que les avoir en haine pour si peu,
Se révèle dérisoire et morveux.

Sans oser l'avouer,
J'ai bien compris que l'empathie
Que je pouvais donner à autrui,
Je n'osais me l'accorder.

Alors voici : Ma Haine, c'est échouer,
Tâtonner, essayer, s'accrocher, tomber.
C'est regarder son reflet
Espérer traverser la glace pour le gifler.

Si elle est éphémère envers autrui
Elle devient incommensurable,
Lorsque le fruit que cette antipathie
N'est autre que sa propre âme.

Ces crises

C'est simple à ressentir, mais assez complexe à
expliquer.
Je vais tenter de les décrire du mieux possible.

Elles commencent par un gargouillis qui, généralement,
Suit de fortes émotions négatives et contrariantes.
Puis, mêlé à l'ennui c'est impossible de résister,
À l'appel, au grognement intérieur.
Je me relève donc, car les crises surviennent toujours
Ou presque le soir voire la nuit.

Je me suis vue à minuit faire un paquet de pâtes,
Alors qu'ayant mangé quelques heures plus tôt.
Je me suis vu les garnir de fromage, crème,
champignons,
De saucisses, œufs, jambon...
Tout ce qui pouvait nourrir la pulsion grandissante.

J'essaie alors de calmer le jeu en prenant une pomme,
Car c'est un fruit "coupe faim".
Sauf que ce n'est pas qu'une simple faim dans ces cas-
là.

Je me suis vue à 3h du matin,
Assise dans la cuisine de l'appart,
Installée devant le placard à chercher chips, bonbons
et autres céréales
Pour étouffer les cris de la crise.

Je me suis vue à 4h du matin
À pleurer de honte devant les paquets vides.
Effrayée qu'en rentrant, on me fasse constater
Une prise de poids surprise.

Puis, je me suis vue à 4h30
Refaire des pâtes,
Car c'est réconfortant et confortable.
Et puis de toute façon "je ne suis plus à ça près."

Enfin, je me suis vue à 15h,
Au petit magasin du coin,
Faire le stock de pâtes, à prendre 5 ou 6 paquets
Comme si la farine avait disparu
De la surface de la Terre.
À remplir le cabas de chips, gâteaux et bonbons
Pour remplacer ceux mangés à ma coloc,
Et surtout préparer la crise à venir.

Kintsugi

Kintsugi, accepter son histoire, ses failles et cicatrices,

Intégrées au corps comme à l'esprit,

Nul ne peut les effacer, on ne peut que les sublimer.

Tant de fois j'ai rêvé de m'arracher la peau, le crâne, et

Souvent par honte, j'aurais voulu revenir pour changer.

Ultimement, j'ai lâché prise, fis la paix avec moi-même.

Grandir, surtout se réparer, à l'or tel une céramique.

Intégrées au corps comme à l'esprit, elles font partie de moi.

C'est pas cool ?

Au début, je le gardais pour les soirées,
M'excusant en disant que c'était pour m'amuser.
Soi-disant que j'en ai besoin pour vaincre ma timidité.

Puis je me suis mis à boire seule.
Une petite bière en apéros,
D'abord avec les autres ensuite seule.

Parce que pouvoir avoir besoin des autres pour boire ?
Pourquoi devrai-je me contenter de vivre ce flottement
Uniquement en soirée et autour d'autrui ?

Puis d'une simple bière, on est passé à un peu de vin,
Toutes les couleurs avec une préférence pour le blanc.
Puis d'un peu, on a franchi le cap d'une bouteille
entière.

C'est après les doses d'alcool plus fort
Que j'ai pris conscience de ce que je faisais.
Personne ne le voyait, personne ne l'a su,
Mais j'avais du mal à me regarder dans la glace
Les matins après le bourrage.

J'ai réduit les doses, je contemplais les bouteilles.
Revivant les crises d'angoisses et de paniques
Que les goulots calmaient.

J'ai perdu cette addiction,
Fâcheusement remplacée par la nicotine.
Dont je disais au départ que c'était juste en soirée…

Un an ferme

Le plus dur a été de brider ma passion
Mes envies, mes espoirs et mes rêves
Pour suivre le parcours qu'ils m'avaient défini,
Et pouvoir devenir celle qu'ils imaginaient.
Le tout en gâchant une année entière
Par des lamentations et autres dépressions
Et en refaisant l'histoire avec des « Et si ? »
Et le pire dans tout ça, est que le destin
M'a offert à nouveau une fenêtre vers le bonheur
Mais qu'à nouveau, par couardise évidemment,
J'ai pris la porte de ce qu'ils imaginent pour moi.

Mère nature

J'aurai deux ou même trois
Réclamations auprès de mère nature.

Comment choisis-tu ces êtres au charnel parfait ?
Sont-ils finalement tes préférés ?
Comment justifies-tu les grâces que tu fais ?
Simple hasard ? Par chance ? Un coup de dés ?

Mère Nature, dis-moi comment vivre
Face à tes créations les plus remarquables ?
Explique-moi comment, car même
La meilleure version de moi-même
Ne serait être au niveau.

Mère Nature, explicite les qualités que tu m'as
accordées.
Car en ce moment, je ne suis uniquement témoin
De ce dont tu n'as pas su me faire don.

La vague

Pendant quelques instants,
Tu te sens légère.
Tu aurais même l'espoir
De savoir voler si tu sautais.

Une fois la vague écrasée, le réel te rattrape.
Tes problèmes n'ont pas été pris dans les baïnes,
Tu dois t'occuper de ton bras maintenant vermeil,
Et l'embarras prend le dessus sur tout le reste.

Cueille le jour

Croupissant dans ta tombe, le temps sera passé ;
Aujourd'hui disparaît rapidement, hier n'est déjà plus.
Rien ne ramènera ton temps gâché et perdu où,
Pendant que tu te lamentais, les aiguilles filaient
Et avec elles, tes rêves et tes attentes.

Dans 30 ans, te réveilleras-tu ? Iras-tu chercher ton
Idéal de vie alors que celle-ci te file entre les doigts ?
Entre remise en cause et doutes, tu auras passé ta vie
Maudissant le temps, blâmant les aiguilles pour tous
tes malheurs.

Croupissant dans ta tombe, il sera trop tard pour
Arpenter le monde, découvrir les foules et
Réaliser tes rêves, que sais-je ? Vivre !
Pourtant, tu le vois les vers ne te mangent pas encore
Et le monde entier te tend les bras, ravi de pouvoir
t'apprendre.

Donc pourquoi attendre une chance qui ne viendra pas
Inopinément, car la fortune c'est toi qui la provoques.
Écoute-moi, lève-toi, fais-le aujourd'hui, pourquoi
attendre demain ?
Maintenant, tu sais ce qu'il te reste à faire.

Profite du jour présent.

18 Part. II

J'ai écoulé les trois-quarts de mes fameux 18.
Un âge que j'attendais autant que je l'appréhendais.
Et au final ? Quelle différence avec 17 ? Ou avec 19 à
venir ?
Difficile à dire, je n'entrevois aucune différence
foncière.

Alors, oui, je peux acheter de l'alcool et en consommer
légalement.
Oui, je peux aller au bureau de tabac sans stress.
Oui, je vis en coloc et suis officiellement indépendante.
Oui, je peux conduire seule, mais de toute façon, je
n'ai pas le permis.

18 a été une succession de déception et d'échecs en
réalité.
Oui, je suis entrée à la fac, mais quelle désillusion.
Je me suis un peu plus ouverte aux autres…
Enfin l'ai-je fait ?

18 a vu mes premières soirées, mes premières cuites.
18 m'a vue au bord du gouffre, au bord du pont.
18 m'a amenée chez les psys, a connu mes cachets
pour ramener le calme.
18 m'a fait connaître les problèmes de thunes.
18 a vu des addictions partir et revenir.

Mais 18 m'a fait rire.
18 m'a amenée en concert,
18 m'a faite danser, sauter, crier en festival.
18 a connu mes premiers coups d'encres dans la peau.
18 m'a connue faire ce que mes parents
m'interdisaient,

Tatouages, piercing, coloration... Tout est possible à 18.
Et puis voilà, 18 m'a vue réaliser un rêve.

Âge palier pour rien, 17 n'est pas moins bien
Et 19 probablement pas si différent.
Mes 18 ans je ne les ai pas gâchés comme je le pensais.
Je les ai vécus pleinement,
Des premières fois, des erreurs, des expériences.
18 m'a fait grandir, évoluer et m'a changée, ça c'est certain.

Cueille le jour

Croupissant dans ta tombe, le temps sera passé ;
Aujourd'hui disparaît rapidement, hier n'est déjà plus.
Rien ne ramènera ton temps gâché et perdu où,
Pendant que tu te lamentais, les aiguilles filaient
Et avec elles, tes rêves et tes attentes.

Dans 30 ans, te réveilleras-tu ? Iras-tu chercher ton
Idéal de vie alors que celle-ci te file entre les doigts ?
Entre remise en cause et doutes, tu auras passé ta vie
Maudissant le temps, blâmant les aiguilles pour tous
tes malheurs.

Croupissant dans ta tombe, il sera trop tard pour
Arpenter le monde, découvrir les foules et
Réaliser tes rêves, que sais-je ? Vivre !
Pourtant, tu le vois les vers ne te mangent pas encore
Et le monde entier te tend les bras, ravi de pouvoir
t'apprendre.

Donc pourquoi attendre une chance qui ne viendra pas
Inopinément, car la fortune c'est toi qui la provoques.
Écoute-moi, lève-toi, fais-le aujourd'hui, pourquoi
attendre demain ?
Maintenant, tu sais ce qu'il te reste à faire.

Profite du jour présent.

La Paix

La plus grande paix possible pour l'Esprit
Se perçoit dans les petites passes de Vie.
Ils s'éclipsent dans toutes ces circonstances,
Où les aiguilles semblent perdues dans leur distance.

C'est marcher, musique dans les tympans,
Dans une grande rue ensoleillée.
Alentours vidés de tout passant,
T'es seul avec les pigeons inconsidérés.

C'est être sur un balcon le soir,
Voir petit à petit le ciel s'éteindre.
Les passants sortir leurs chiens,
Distinguer les rires des voisins.

C'est un lendemain de soirée,
Lorsque majorité sont encore endormis,
Bouteilles vides, autres paquets éclatés,
On les ramasse, se remémorant la nuit.

C'est la fin d'une représentation,
Lorsque le trac a quitté tous les corps.
Les rires s'échappent derrière les rideaux,
Alors que tes oreilles bourdonnent encore.

C'est les rires d'inconnus sur une avenue,
C'est un enfant qui chasse les piafs,
C'est un artiste qui se produit dans la rue...
C'est la simplicité, sans artifices coriaces.

Remerciements

Les remerciements d'un livre sont généralement la partie qu'énormément de lecteurs passent. Mais aujourd'hui en ayant le rôle d'"'autrice", je me devais de les écrire et de n'oublier personne. Je ne suis pas quelqu'un qui exprime ses sentiments et émotions facilement à haute voix, alors ces quelques pages seront peut-être bateau, mais elles sont autant importantes pour moi que les textes que vous venez de lire.

Un merci général à toutes mes amitiés, présentes et passées, qui m'ont toujours fait évoluer. Merci pour les soirées, pour les mots, pour le soutien. Merci pour les rires et mentions spéciales aux fous rires des cours. Merci pour les souvenirs, pour les danses... Merci quoi !

Je voulais particulièrement remercier Julie, ma meilleure amie et colocataire, sur qui je peux toujours m'appuyer et qui me soutient quoi que ce soit. Quelques-unes de ces pages te sont bien évidemment dédiée, mais je tenais à le rappeler ici. Tu es toujours là après toutes ces années, on ne sait que mal se le dire, mais je peux te l'écrire : je t'aime, de tout mon être.

Merci aussi à Héloïse qui m'a également toujours épaulée et soutenue sur mes projets. Même si on s'est un peu éloignées, je ne t'ai pas oublié ! Merci pour ton empathie sans faille, tu as toujours la douceur, le mot réconfortant.

Lilou, merci pour tes paroles qui m'ont motivée et continuent de me motiver chaque jour ; ce projet est né suite à un gain de motivation que tu m'as donnée. Merci de m'avoir relevée lorsque j'étais au plus bas, je te le rends mal. Malgré tout ce qui s'est passé, notre amitié m'a changé et je pense que c'est pour le mieux !

Ensuite, bien sûr, un grand merci à ma petite sœur, Salomé, sans qui je n'aurai pas toute l'imagination et l'inspiration que j'ai aujourd'hui. Tu es la plus belle chose qui soit arrivée dans ma vie et les mots ne suffisent pas pour décrire à quel point je t'aime et tiens à toi !

À ma maman, qui a désespéré pendant des années pour me faire lire des livres. J'espère qu'avoir celui-ci entre les mains t'auras rendue fière, même si ce n'est pas ton genre favori.

À mon papa, qui m'a toujours dit de suivre mes passions et de faire ce que j'aime. « Il n'y a rien de pire que de faire un métier qui ne te plaît pas. » Ce livre est un rêve d'enfant réalisé et j'espère te rendre fier.

J'ai des remerciements tout particuliers à d'anciens professeurs. Je suis extrêmement reconnaissante envers tous mes enseignants, mais il me faudrait encore plusieurs pages pour tous les remercier un par un. Alors je voulais vous remercier pour ce que vous avez apporté dans mon évolution personnelle.

Merci notamment Madame Maglane, qui m'a enseigné l'anglais de la 5ème à la Terminale. Vous êtes la professeure que j'ai eue le plus longtemps et je suis fière de savoir que vous avez pu suivre mon évolution (on partait de loin, il faut le dire.). Vous m'avez non seulement fait aimer l'anglais au point que je souhaite continuer dans cette matière au supérieur, mais vous m'avez également secouée et motivée à prendre confiance en moi et à trouver ma place. Vous m'avez fait confiance et rendu des journées difficiles passables par votre simple énergie et vos paroles.

Madame Labat, qui a été plus qu'une professeure d'histoire-géographie au lycée. Madame, votre douceur était un bien réconfortant qui m'a poussée à donner le meilleur de moi-même. Merci donc pour le savoir que vous m'avez transmis ainsi que la méthode de réflexion, mais surtout pour l'épanouissement personnel que j'atteins aujourd'hui.

Merci également à Madame Desvignes, qui a été ma professeure d'anglais pendant 2 ans au lycée. Nous partageons une passion pour le théâtre et vous m'avez encouragé à donner le meilleur de moi-même, de ne jamais être déçue de mes résultats. Merci pour la place que vous m'avez poussée à prendre.
J'aimerais également remercier tout particulièrement

M. Hannedouche, qui m'a enseigné le français pendant deux ans au collège. Vos cours ont premièrement réveillé une passion pour l'écriture que j'avais tenté d'enfouir, mais ils m'ont également aidé à prendre confiance en mes capacités. Sans parler du fait que vous m'avez permis de me révéler par le théâtre. Monsieur, les mots me manquent pour vous dire à quel point je vous suis reconnaissante pour ces deux ans. J'espère vous rendre fier Monsieur.

Aussi idiot, candide et égocentrique que ça pourrait paraitre, je voulais me remercier moi-même. Pour être plus précise, remercier Romane passée, même si elle ne lira pas ces lignes de suite. J'aimerais te féliciter pour ton courage et ta force, car c'est toi qui as écrit toutes ses pages. Merci pour ta sensibilité et merci d'avancer à ton rythme.

Enfin, très évidemment, merci à toi cher lecteur. Ce livre est un rêve enfin réalisé et cela est grâce à toi. Je ne te connais pas personnellement, mais tu tiens dans tes mains une partie de mon âme alors MERCI.